OBSERVATIONS

SUR

LE RAPPORT,

DU 3 AVRIL 1833,

DE M. LE BARON CHARLES DUPIN, A LA CHAMBRE DES DÉPUTÉS,

RELATIVEMENT

AUX DEUX LOIS COLONIALES,

PAR **FABIEN**,

MANDATAIRE DES HOMMES DE COULEUR DE LA MARTINIQUE.

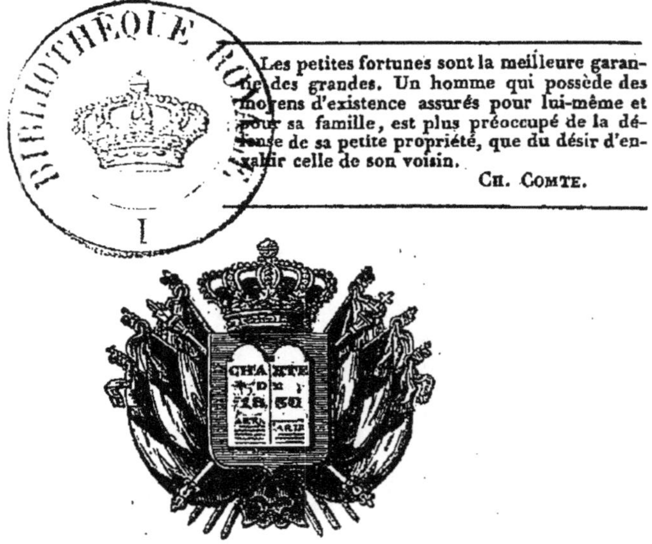

> Les petites fortunes sont la meilleure garantie des grandes. Un homme qui possède des moyens d'existence assurés pour lui-même et pour sa famille, est plus préoccupé de la défense de sa petite propriété, que du désir d'envahir celle de son voisin.
>
> CH. COMTE.

PARIS.

IMPRIMERIE DE DEZAUCHE,

FAUBOURG MONTMARTRE, N° II.

1833.

IMPRIMERIE DE BÉNARD

OBSERVATIONS

SUR

LE RAPPORT

DE M. CH. DUPIN.

Deux projets de loi relatifs à l'état des citoyens et au régime législatif dans les Colonies, sont maintenant soumis à la Chambre des Députés. Nous ne nous arrêterons point sur les motifs qui en ont déterminé l'adoption par la Chambre des Pairs, malgré les justes réclamations des mandataires des hommes de couleur, aux vœux desquels une commission partiale a substitué ceux des délégués de l'aristocratie coloniale. Mais nous devons à la Chambre des Députés, à nos commettans et à nous-mêmes, de réfuter les assertions erronées ou inexactes contenues dans le rapport de l'honorable M. Charles Dupin, et qui tendent, plus ou moins directement, à maintenir les hommes de couleur dans l'espèce d'interdiction politique où les avaient placés des réglemens odieux, et à consacrer de nouveau toutes les prétentions et les exigences absurdes des colons privilégiés.

Les principes qui ont triomphé en 1830, et la Charte constitutionnelle qui a été substituée à celle du bon plaisir, avaient donné aux hommes de couleur l'espoir de rentrer bientôt dans l'exercice de droits trop long-temps usurpés, et ils ne devaient pas s'attendre que les conditions mises au recouvrement de ces droits, équivaudraient pour eux à une interdiction plus positive et plus injuste que celle dont ils étaient frappés auparavant.

Le principe d'égalité consacré dans le premier projet, et qui confirme des droits anciens mis en oubli doit trouver un assentiment unanime au sein d'une Chambre pénétrée de ses devoirs et de sa dignité. Elle s'empressera sans doute de l'adopter.

Mais il n'en est pas ainsi du second projet, concernant le régime législatif des colonies.

Ce régime devant à jamais fixer leur sort, il convient que le législateur le mûrisse dans sa sagesse, et qu'il s'entoure de toutes les lumières qui peuvent éclairer sa haute raison. M. le rapporteur lui-même en a tellement senti l'importance, qu'il affirme (p. 30 et 31) que « non-seulement les Commissions se font un devoir « d'entendre les délégués *officiels;* mais qu'elles ont « entendu aussi des délégués *officieux* chargés, dit-il, « par *quelques hommes de couleur* de parler en faveur « de leur classe. »

Or, il importe de faire observer ici que les prétendus *délégués officiels* ne sont en réalité que les délégués d'une partie de la classe blanche, et que les prétendus *délégués officieux* n'ont jamais pris que le titre de mandataires de la classe de couleur. Les premiers tiennent leurs pouvoirs de quelques officiers de la garde nationale ou de membres des conseils municipaux; tandis que les mandataires tiennent les leurs de la généralité de la classe qu'ils représentent, ainsi qu'ils peuvent en justifier par de nouveaux actes, en date des 2 janvier et 1ᵉʳ février 1833, confirmatifs des mandats antérieurs. Ils avaient donc, au moins, autant de titres que les délégués des colons, à faire valoir, auprès des Commissions, les droits de leurs commettans. Comment se fait-il cependant qu'ils n'aient été en quelque sorte admis auprès d'elles que pour la forme, et pour voir repousser toutes leurs justes demandes, tandis que leurs adversaires voyaient accueillir leurs prétentions, même les plus tyranniques et les plus absurdes?

CENS ÉLECTORAL ET D'ÉLIGIBILITÉ.

En effet, comment qualifier autrement les dispositions du projet concernant le cens électoral et d'éligibilité, que l'on porte à 200 fr. et 400 fr. à la Guyane et à Bourbon, tandis qu'on le porte à 300 fr. et 600 fr. à la Martinique et à la Guadeloupe?

M. le rapporteur, pour justifier cette inégalité dans le cens, prétend (p. 37) que, « vu la cherté des vi-« vres, des logemens, et de tous les produits indus-« triels dans les colonies, le revenu que suppose un tel « cens n'équivaut pas au revenu qu'assureraient des « impôts réduits à moitié dans la métropole. » Il serait difficile de se rendre compte des motifs qui ont pu déterminer la Commission à établir un cens différent dans les diverses colonies, et M. le rapporteur nous ôte les moyens de les combattre ou d'y souscrire, puisqu'il a gardé à ce sujet le silence le plus absolu. Nous ne pou-

vons nous empêcher cependant d'exposer ici une ré-
flexion bien simple, savoir : qu'à Paris, où les vivres
sont chers et les logemens hors de prix, le céns d'éligibilité n'est pas plus élevé qu'à Nancy et à Rennes, où
tous ces objets sont à bien meilleur compte. Il y a une
analogie parfaite dans l'espèce. Pourquoi donc y aurait-
il une différence dans l'application du principe ? Serait-
ce que, conservant en apparence les mêmes droits à
tous, on se serait réservé par là le moyen d'évincer des
colléges électoraux les petits propriétaires, pour n'y
appeler que les hommes de la grande propriété ?

Peut-être on prétendra que cette différence dans le
cens est déterminée par celle qui se trouve dans la population; mais le tableau même qu'en offre M. le rapporteur (p. 11) est la réfutation de cette opinion ; puisque Bourbon, dont la population est de 25,575 hommes libres, paierait un cens de 200 fr. seulement, tandis
que la Guadeloupe, avec sa population de 22,838, en
paierait un de 300 fr. Nous répètons, au surplus, qu'en
France ces différences de population n'en apportent
aucune dans la fixation du cens, et qu'il ne doit pas en
être autrement dans les Colonies.

Mais à quoi servirait-il de chercher à pénétrer de
ces vérités presque triviales des esprits prévenus, dont
le but non avoué, mais évident, est d'arriver, à force
d'arguties et de tortuosités, à maintenir les colons dans
leurs priviléges, et les hommes de couleur dans leur
ilotisme! En effet, la population de couleur de la Martinique étant plus que double de la population blanche,
et n'y possédant que la moyenne propriété, le moyen
de l'exclure des élections est d'élever le cens à un taux
que la grande propriété seule peut atteindre. A Bourbon,

au contraire, où la population de couleur est beaucoup moins considérable, et où la majorité numérique des blancs doit l'emporter nécessairement, on n'a pas à craindre que l'abaissement du cens amène aux colléges électoraux un grand nombre d'hommes de couleur. Ainsi, l'élévation et l'abaissement du cens dans les différentes Colonies, sont réellement calculés dans un but politique contraire aux intérêts et aux droits de la classe de couleur, qui ne connaîtra réellement de la liberté que le nom, sans jouir d'aucun des avantages que la loi lui avait promis, et qu'elle devait lui assurer.

Et puisque M. le rapporteur lui-même convient (p. 39) que la réduction soudaine des primes sur les sucres est une atteinte grave portée aux intérêts matériels des colons, la compensation à leur accorder, la plus rationnelle, serait une diminution dans le cens, plutôt que des lois politiques qui ne profiteraient qu'à un petit nombre de grands propriétaires au détriment des classes moyennes qui, relativement, n'auront pas moins à souffrir de cette réduction.

ORGANISATION DES CONSEILS COLONIAUX.

L'art. 16 prescrit le secret de leurs délibérations ; et M. le rapporteur maintient que la publicité pourrait les rendre trop fécondes en orages, et faire éclater *violemment* les dissentimens dus aux rivalités des castes. C'est là prévoir les maux d'un peu loin. La publicité a sans doute quelques inconvéniens ; mais combien elle a de plus grands avantages ! Avec des intentions pures, comme en auront sans doute tous les membres des Conseils coloniaux, les discussions doivent être publiques, puisqu'il s'agira des intérêts généraux; il n'est pas à craindre que les passions soient soulevées par quelques oppositions qui sont de l'essence de toutes les assemblées délibérantes : c'est la contradiction seule qui fait jaillir la lumière, et la porte dans tous les esprits. Les délibérations secrètes, au contraire, peuvent produire quelque fermentation : le mystère fait naître les soupçons ; et l'on se croit menacé de tous les maux que l'on redoute. Le passé, à cet égard, peut nous servir d'exemple : les discussions les plus orageuses des assemblées de France parviennent aux Colonies par la voie des journaux, qui y sont lus avec avidité, et il n'y a pas d'exemple que cette lecture ait occasionné le moindre trouble, la moindre collision entre les citoyens, pas même les discussions qui ont eu lieu relativement aux intérêts coloniaux.

MODE D'AFFRANCHISSEMENT.

Le Gouvernement, par le projet présenté aux Chambres le 16 décembres 1831 (voy. *Moniteur* du 17), comprit les règles à suivre pour les concessions d'affranchissement dans le nombre des lois qui devaient être faites dans la forme établie pour la confection de celles du royaume. Le même principe fut consacré dans le considérant de l'Ordonnance royale du 12 juillet 1832 (voy. *Moniteur* du 5 août) relative aux concessions d'affranchissement. Cependant la Chambre des Pairs, par un amendement spécial au projet de sa Commission, a rétabli le projet primitif du Gouvernement, et replacé l'organisation administrative dans le domaine de l'autorité royale, qui règlerait en conséquence les conditions et les formes des affranchissemens, ainsi que celles des recensemens qui peuvent en constater les résultats ; et M. Dupin dit dans son rapport (p. 20) à la Chambre des Députés, que la Commission dont il est l'organe n'a pas cru devoir proposer de changer une nouvelle fois cette disposition.

Les considérations qui paraissent avoir déterminé à cet égard la Commission, sont : « l'état plus ou moins avancé de la civilisation, des lumières et de la concorde entre les classes de la population dans nos diverses Colonies, d'où il résulte un conflit de prétentions et d'ambitions qui demandent des moyens administratifs essentiellement différens ; la nécessité où l'on serait de faire sur chaque matière autant de lois qu'il y a de Colonies, et toujours des lois transitoires, qu'il faudrait demander aux Chambres, lesquelles peuvent à peine suffire aux actes législatifs généraux et permanens que réclament les plus grands intérêts de la métropole. »

Ces raisons sont plus spécieuses que fondées ; car bien qu'on dise que le Gouvernement seul peut prendre sur cette matière les mesures variables et multipliées qu'exigera le bien-être des Colonies, et qui seraient incompatibles avec la généralité, la durée et l'inflexibilité qui doivent être le caractère des lois ; et bien qu'on ajoute que, d'ailleurs, aucune mesure gouvernementale sur l'organisation admininistrative ne pourra, par le secours de la loi nouvelle, échapper au contrôle des Chambres : toujours est-il certain que le principe, consacré par l'art. 3 du Code civil et par l'art. 1er des

Chartes de 1814 et de 1830, sera manifestement faussé, et que les colons de toutes couleurs, qui sont Français, seront gouvernés par des *ordonnances* au lieu de l'être par des *lois*. Ainsi le régime exceptionnel subsisterait toujours pour eux, en dépit des déclarations et des promesses décevantes qui leur ont été faites d'une manière si solennelle ! ainsi les esclaves ne seraient arrachés à l'arbitraire du conseil colonial que pour être replacés sous celui du ministère de la marine. Ainsi les affranchissemens, qui ne devaient avoir lieu que sous l'empire des lois, seraient encore laissés sous celui des ordonnances.

Un pareil état de choses ne serait pas tolérable. Qu'on laisse au Gouvernement l'iniative, d'accord ; mais que les lois et les modifications qu'elles pourraient subir soient le résultat du vote des Chambres ; l'administration en acquerra plus d'autorité, de respect et de véritable force. Autrement tout retombe dans le vague, l'incertain et l'arbitraire. Nous en dirons autant par rapport à la classe des non-libres, en faveur de laquelle nous réclamons le bénéfice de l'art. 64 de la Charte constitutionnelle de 1830. La législature ne peut rester indifférente au sort malheureux qui les accable ; et si les parlemens d'Angleterre n'ont pas cru au-dessous de leur dignité de soustraire par des lois les animaux même à la brutalité de leurs maîtres, les législateurs français ne montreront pas moins de sollicitude pour les esclaves, qui sont hommes comme eux et comme nous.

GARDE NATIONALE ET MILICES COLONIALES.

C'est une très-bonne idée sans doute que celle qui tend à ce que désormais les *compagnies de milices* ne soient plus composées distinctement de blancs et d'hommes de couleur. Mais pourquoi conserver cette dénomination de *milice* à des hommes qui font un service volontaire et non soldé , et ne pas leur donner celle de *garde nationale* qu'ils avaient avant la conquête qui seule les en a dépossédés, et qu'ils ont reprise et conservée depuis la première restauration jusqu'en 1827 (1)? C'est là , dira-t-on peut-être , une querelle de mots ? mais les mots font bien souvent toute l'importance des choses. Conserver cette expression de *milice* sans aucun motif déterminé , ce serait donner à croire qu'on ne veut pas laisser participer les colons au bénéfice de la loi générale sur l'organisation de la garde nationale, dont elle réclame hautement l'application.

Nous devons rappeler à ce sujet que, lorsqu'en 1794 la Colonie fut attaquée inopinément, ce fut la garde nationale qui combattit courageusement les Anglais ; que ce fut encore elle qui défendit le pays contre eux en 1809, et qui, en 1823, rétablit l'ordre sérieusement interrompu par la révolte du mont Carbet. Pourquoi donc, aujourd'hui, lui retirerait-on une dénomination honorable qui lui rappelle de si beaux souvenirs , et à laquelle elle tient d'autant plus qu'elle sait que le mot de *garde nationale* était écrit dans le premier projet de loi

(1) Voir les almanachs officiels de la Martinique de 1824 à 1826 inclusivement.

présenté, en décembre 1831, à la Chambre des Députés, et que si, depuis, celui de *milice* lui a été substitué, ce n'est que par une fâcheuse condescendance ministérielle aux exigences des délégués de l'aristocratie coloniale.

POLICE DE LA PRESSE ET INSTRUCTION PUBLIQUE.

M. le rapporteur est dans l'erreur quand il dit (p. 17) qu'aucune classe d'habitans n'avait réclamé contre les mesures qui placent dans le domaine de l'autorité royale, pour toutes nos Colonies, la police de la presse et l'instruction publique. Nous n'avons cessé de demander, au nom de nos commettans, que ces deux objets fissent partie des attributions législatives, attendu qu'en laissant au pouvoir central le droit d'y statuer seul, ce serait les exposer à tous les caprices ministériels ou à la mauvaise volonté des gouverneurs, qui, loin de favoriser la propagation des lumières et de l'instruction, ont cherché constamment à les étouffer, notamment à la Martinique.

Telles sont les observations nouvelles sur la loi coloniale que nous a suggérées la lecture des motifs qui ont déterminé la Commission à en proposer l'adoption à la Chambre des Députés, sans y faire le moindre amendement.

Le vice principal de cette loi, c'est la trop haute élévation du cens; ce vice-là domine tous les autres. Il est bien évident en effet que, soit qu'on le porte à 300 fr. ou

qu'on le réduise à 200 fr. , les hommes de couleur fi-
gureront à peine pour un huitième dans les colléges électoraux, et qu'à raison de cette minorité , ils n'auront
pas un seul représentant dans le Conseil colonial (1).
Ainsi la loi qui devait être une loi de fusion , loin d'atteindre le but désiré , sera , dans deux classes libres
des Colonies , une nouvelle source de rivalités , de di-
visions et de haines ; les intéréts et les nuances, loin
d'être confondus, seront plus que jamais séparés. Et
qui peut prévoir l'excès des désordres où les passions
une fois mises en mouvement peuvent replonger ces
malheureuses contrées ! Si , dans notre position de for-
tune , nous , hommes de couleur, hommes de la petite
ou de la moyenne propriété , ne présentons pas assez de
garantie à ceux qui croient que les grandes fortunes
sont les seules capacités appréciables , la faute n'en
est pas à nous , mais bien à ceux qui nous contestent
aujourd'hui les moyens d'exercer nos droits de citoyens, qui , dès lors, deviennent illusoires. Si , depuis
des siècles , les colons blancs ne nous eussent pas ravi
le fruit de nos travaux, l'héritage de nos pères , nous
serions maintenant assez riches pour leur présenter les
garanties que l'on exige , et nous n'en serions pas réduits à réclamer contre l'injustice de la loi par laquelle
on propose de favoriser ceux qui , au mépris de ce qu'il
y a de plus sacré dans le monde, nous ont entravés dans
la voie de la prospérité , et de consacrer ainsi la spolia-
tion la plus odieuse.

Réfléchissez-y donc bien , législateurs ! les projets
qui vous sont soumis méritent de votre part la plus

(1) Voir le tableau ci-anexé.

sérieuse attention. La décision que vous allez porter retentira dans les Antilles comme le canon qu'on tire aux jours de fête ou d'alarme ; elle y portera la paix ou la désolation et le désespoir. N'oubliez pas surtout que nous sommes vos frères, et Français comme vous.

FABIEN ,

Mandataire des hommes de couleur
de la Martinique.

Paris, 11 avril 1833.

TABLEAU COMPARÉ

DU NOMBRE D'ÉLECTEURS,

Edtre la Population blanche ét la Population libre de couleur dans la Martinique.

MARTINIQUE.	NOMBRE de Membres à élire.	NOMBRE de blancs.	NOMBRE d'hommes de couleur.	TOTAL des Electeurs.
1ᵉʳ COLLÉGE. Fort-Royal (ville), Caze - Pilote et Lamentin.	6	117	24	141
2ᵉ COLLÉGE. St-Pierre (ville), le Prêcheur et le Carbet.	8	228	1S	226
3ᵉ COLLÉGE. La Basse-Poïinte, le Macouba, la Grande-Anse , le Marigot, Sainte-Marie.	4	88	5	93
4ᵉ COLLÉGE. Trinité (la), le Gros-Morne; le Robert , le François.	5	76	22	98
5ᵉ COLLÉGE. Le Marin, la Rivière Pilote, le Vauclin , Sainte-Anne.	3	66	18	84
6ᵉ COLLÉGE. Rivière-Falée, Trou-aux-Chats , Trois-Islets , Ste-Lucé , le Diamant, les Anses d'Arlets , le Saint-Esprit.	4	95	9	104
	30	670	96	766

Sur une population libre de 29,852

Les Electeurs des Colonies Guadeloupe, Guiane et Bourbon sont à peu près dans les mêmes proportions que dans le tableau ci-dessus.